# DES SOINS A APPORTER

A LA

# CONSERVATION DES DENTS

ET DES CAUSES QUI EN DÉTERMINENT LA PERTE
DANS LES CONTRÉES DU NORD

Suivis de quelques mots sur la direction des Dents chez les enfants,
sur la Prothèse dentaire et sur l'extraction des Dents,

PAR

**HENRI DUBOIS**

Officier de santé reçu à la Faculté de Paris, Chirurgien dentiste à Valenciennes, Dentiste des Colléges de Valenciennes, du Quesnoy et de plusieurs autres maisons d'éducation, ex-Médecin des Bureaux de bienfaisance de Gommegnies et du Candas, ancien Sous-Inspecteur des enfants trouvés et orphelins et attaché pendant six ans aux Hospices de Paris, etc.

Prix : 50 centimes.

VALENCIENNES
Imprimerie de E. Henry, Marché-aux-Poissons.

# DES SOINS A APPORTER

A LA

# CONSERVATION DES DENTS

ET DES CAUSES QUI EN DÉTERMINENT LA PERTE
DANS LES CONTRÉES DU NORD

Suivis de quelques mots sur la direction des Dents chez les enfants,
sur la Prothèse dentaire et sur l'extraction des Dents,

PAR

## HENRI DUBOIS

Officier de santé reçu à la Faculté de Paris, Chirurgien dentiste à Valenciennes, Dentiste des Collèges de Valenciennes, du Quesnoy et de plusieurs autres maisons d'éducation, ex-Médecin des Bureaux de bienfaisance de Gommegnies et du Candas, ancien Sous-Inspecteur des enfants trouvés et orphelins et attaché pendant six ans aux Hospices de Paris, etc.

---

**Prix : 50 centimes.**

VALENCIENNES
Imprimerie de B. Henry, Marché-aux-Poissons.
1857

Si les douleurs de dents sont nombreuses, plus nombreux encore sont les moyens de guérison conseillés par l'ignorance et le charlatanisme, moyens qui, bien souvent, ne font qu'ajouter au mal. Quinze années d'observations sérieuses dans notre pratique nous permettent de donner quelques conseils, fruit de notre expérience. Laissant de côté tous détails techniques, tout attirail scientifique, nous n'avons eu en vue que le côté pratique dans les moyens que nous indiquons et dont l'exécution si facile peut éviter bien des douleurs et par suite la chute des dents. C'est la plus belle récompense que nous attendions de notre petit travail.

## DU RÔLE IMPORTANT DES DENTS DANS LA DIGESTION ET DES PRINCIPALES CAUSES QUI EN DÉTERMINENT LA PERTE.

Les dents implantées dans les alvéoles percées aux deux machoires constituent l'appareil masticatoire et sont destinées à broyer les aliments qui ne doivent être introduits dans l'estomac que bien mastiqués. Si les dents font défaut, ou s'il n'en reste que quelques unes qui, au lieu d'être utiles, ne font qu'empêcher la réunion des deux machoires et ainsi les aliments d'être triturés, l'appareil digestif, et en particulier l'estomac, se trouve soumis à un travail pénible, difficile et souvent même au-dessus de ses forces; il est donc indispensable d'avoir de bonnes dents pour bien digérer (1). Dans nos contrées du Nord il est rare de voir une personne de 50 ans ayant toutes les dents bonnes et solides. Quelle est la cause de cette difformité prématurée ? On l'attribue généralement à l'humidité, à l'eau de certaines contrées. Pour nous, nous pensons que les causes principales sont le dépôt du tartre sur les dents, le gonflement des gencives qui en est la suite, l'acidité continuelle

---

(1) Dans le courant d'avril 1857, est morte à Eppe-Sauvage, arrondissement d'Avesnes (Nord), une centenaire nommée Victorine Moutier, âgée de 110 ans et 7 mois ; cette centenaire n'a jamais eu pendant sa vie une seule douleur d'estomac, et on explique la bonne santé dont elle a joui, d'abord par l'abstention de tout excès et puis par le bon état de ses machoires ; elle a conservé toutes ses dents jusqu'à la fin de sa vie.

de la salive et principalement la négligence de laisser après les repas des parcelles de viande séjourner entre les dents, et enfin l'usage des médicaments dans certaines maladies.

L'accumulation du tartre comme cause de l'altération de l'appareil dentaire et de l'inflammation des gencives est reconnue par tout le monde, surtout dans nos contrées où l'eau potable contient des sels calcaires en quantité et où la constitution se ressent en général de l'humidité de nos pays. Le gonflement de la pulpe gencivale n'a été bien apprécié que par M. le docteur Toirac, qui a démontré que les gencives, en se tuméfiant, finissent par chasser les dents de leurs alvéoles. L'action destructive des acides salivaires est très-manifeste dans tous les cas où la salive acquiert des propriétés acides, surtout dans différentes maladies où elle active puissamment la décomposition des parcelles d'aliments qu'on laisse séjourner entre les dents ; ce qui donne à l'haleine une odeur fétide (1).

---

(1) Une dame de 30 à 35 ans, des environs de Valenciennes, vint me consulter il y a quelques mois ; depuis plusieurs années ses gencives étaient douloureuses, molles et saignantes, ses dents se déchaussaient et étaient chancelantes, son haleine avait une fétidité repoussante à tel point qu'elle s'apercevait elle-même que les personnes qui lui parlaient détournaient la tête ; cette dame ne pouvait plus broyer les aliments, ses digestions étaient pénibles et occasionnaient de fréquentes douleurs d'estomac. Elle attribuait cet état à une affection scorbutique locale. Ayant examiné sa bouche, je vis sur chaque dent une couche de tartre épaisse de deux fois le volume des dents, surtout à la machoire inférieure ; j'enlevai ce tartre avec soin ; et à l'aide d'un traitement simple et facile que j'ai conseillé, cette dame a aujourd'hui les dents solides, les gencives saines, son

## DES SOINS A APPORTER A LA CONSERVATION DES DENTS.

Combien de personnes dont la bouche est dégarnie n'osent sourire de peur de montrer le vide désagréable qui la dépare et se seraient évité une difformité qui les accompagne dans toutes les circonstances de leur vie, si elles se fussent astreintes à quelques petits soins qu'on néglige généralement et dont l'exécution si facile leur fait regretter plus vivement encore une perte qui, on a beau le dire, n'est pas sans amertume. On a vu dans le chapitre précédent qu'on ne doit jamais, après les repas, laisser séjourner des parcelles d'aliments entre les dents ; ce à quoi on peut facilement arriver à l'aide d'une plume de poule, d'un morceau de baleine effilé ou même mieux à l'aide d'un petit ruban de soie, dit faveur, qu'on passe entre les dents. Ce dernier moyen est préférable, car il ne blesse jamais les gencives. Il faut, tous les matins en se levant, se rincer la bouche avec un peu d'eau tiède, dans laquelle on aura versé quelques

---

haleine est aussi agréable qu'elle était repoussante auparavant, elle peut broyer convenablement ses aliments et ses douleurs d'estomac ont complètement disparu.

Aujourd'hui on oblige, dans beaucoup de régiments, les militaires à avoir une brosse à dents et à s'en servir tous les matins ; on remarque depuis lors parmi eux beaucoup moins d'affections scorbutiques des gencives.— La *Revue mensuelle de la Chirurgie dentaire*, numéro de janvier 1857, rapporte un cas de nécrose d'une portion du maxillaire chez un enfant par suite de la présence du tartre, affection qui a eu des suites terribles.

gouttes d'alcool aromatisé ; ensuite se brosser les dents dans tous les sens, à leur partie interne comme à leur partie externe, et tous les huit jours employer une poudre, conseillée par un dentiste capable. Ces simples soins suffisent pour entretenir les dents en bon état et rendre à l'haleine sa suavité naturelle. Quant aux personnes dont les dents sont chargées de tartre, ou dont les gencives sont saignantes et malades, ou qui ont des dents cariées, nous leur dirons de recourir aux soins d'un dentiste habile qui leur tracera le traitement à suivre. Ajoutons, en passant, qu'on ne doit jamais se laisser nettoyer les dents avec des acides : moyen employé par beaucoup de dentistes. A la vérité, les acides blanchissent facilement les dents, mais ils en corrodent l'émail et leur enlèvent leur poli ; la présence d'un acide se reconnaît facilement pendant l'opération même, par l'état d'agacement où se trouvent les dents, agacement identique à celui que provoquent des feuilles d'oseille machées. Pour la même raison, on devra s'interdire absolument l'usage des eaux qui renferment des acides.

Quant aux dentifrices, on les regarde ordinairement comme des préparations cosmétiques ; c'est là une grave erreur. Les dentifrices doivent être aux yeux des dentistes et sont réellement des préparations thérapeutiques qu'il faut avoir soin d'approprier aux différentes affections des gencives et des dents. Malheureusement l'art du dentiste est trop souvent exercé par des personnes qui n'ont fait aucune étude médicale et qui appliquent leur dentifrice unique, bon ou mauvais, à tous les maux. On doit bien se garder de se faire limer les dents par précaution, comme le conseillent quelques dentistes, quand les dents sont trop longues ou trop serrées ; cette opération enlève l'émail des dents et les expose à la douleur. On n'y aura recours que quand les dents sont cariées, et, avant tout, il faut rendre le nerf de la dent insensible.

L'obturation des dents, vulgairement appelée plombage, se fait à l'aide de différents corps. On emploie l'or et l'étain laminés, les poudres d'argent et de cadmium amalgamés avec le mercure, le métal fusible de Darcet, la gutta-percha mêlée avec le cachou et le tannin, les préparations de zinc qui forment une pâte blanche; chacun de ces corps a été affublé par le charlatanisme d'un nom plus ou moins ronflant. En somme, quand on a une dent cariée, il est bon de la faire plomber. La dent bien plombée peut se conserver encore de longues années ; mais pour cela il ne faut pas attendre que la dent soit malade ni sensible ; il faut aussi que le dentiste sache bien la préparer, ce qui n'est pas toujours facile, autrement on court risque d'en souffrir longtemps.

### QUELQUES MOTS SUR LA DIRECTION DES DENTS CHEZ LES ENFANTS.

Laissant au médecin accoucheur les soins de la première dentition qui, souvent, est pour l'enfant une période dangereuse et quelquefois même funeste, nous conseillerons aux mères de famille, avant de nous occuper de la deuxième dentition, de ne laisser jamais arracher de dents à leurs enfants avant leur sixième année, à moins d'absolue nécessité. L'exiguité du palais ou de la machoire inférieure est presque toujours la conséquence des dents enlevées prématurément, surtout quand l'opération est faite à l'aide d'instruments impropres qui trop souvent brisent le bord alvéolaire.

Beaucoup moins sujette à entraîner des accidents graves, la seconde dentition n'est pas moins importante à soigner que la première, car c'est d'elle que dépend l'arrangement définitif de la denture. C'est ici surtout que les mères de famille doivent se garder d'employer des dentistes inhabiles qui, loin de favoriser la dentition, intervertiraient sa marche ; nous n'avons que trop souvent dans notre pratique à constater ce fait déplorable chez des enfants qu'on nous amène bien tard et chez lesquels nous n'avons plus à diriger les dents, mais à les redresser à l'aide d'appareils fatigants pour eux. De l'arrangement des dents dépend la beauté de la bouche et une partie de celle du visage ; de leur disposition dépend la prononciation plus ou moins nette, plus ou moins sourde ou sifflante, ainsi que les digestions plus ou moins faciles. Les mères de famille, les maîtres et maîtresses de pension ne sauraient y apporter trop de soins ; ils devraient faire visiter la bouche de tous les enfants de 7 à 10 ans au moins tous les six mois, et celle des élèves plus âgés au moins tous les ans.

Quand l'incurie des parents a légué à l'enfant une denture irrégulière, on peut encore remédier au mal à l'aide de certains appareils ou de soins particuliers ; mais il faut éviter toute manœuvre maladroite et les appareils mal combinés, qui font plus de mal que de bien. On voit chez les personnes adultes qui ont des pièces de dents mal faites, les dents naturelles sur lesquelles sont fixées les attaches, se rapprocher ou s'éloigner et changer de direction ; à plus forte raison peut-on arriver à changer la direction d'une dent chez un jeune sujet.

## DES DENTS ARTIFICIELLES, DE LEURS INCONVÉNIENTS ET DE LEURS AVANTAGES, MODE DE S'EN SERVIR.

Les dents artificielles doivent avoir trois qualités ; ne pas blesser les gencives ni nuire aux dents voisines, être utiles à la mastication et à la prononciation et imiter en tous points la nature de manière à tromper l'œil du plus clairvoyant, Les principales substances qui servent à confectionner les pièces sont le platine, l'or, les dents en composition minérale qui sont les meilleures puisqu'elles ne changent jamais de couleur et ne peuvent s'imprégner d'aucune odeur ; les dents humaines et celles de quelques animaux, principalement celles de l'hippopotame, auxquelles on a donné le nom d'osanores (sans odeur), ce qui est le contraire de la vérité : ces dents sont en effet facilement pénétrées par la salive, qui les décompose et cette décomposition amène une odeur tellement fétide que certaines personnes qui portent ce genre de pièces infectent en vingt minutes l'appartement dans lequel elles se trouvent ; et chose étrange, elles s'aperçoivent à peine que leur denture a mauvaise odeur ; on se sert aussi de dents montées sur la gutta-percha durcie qu'on a qualifié du nom de dents à base monoplastique, etc. ; enfin on se sert encore de l'argent et du melchior, deux métaux très-mauvais et très-dangereux pour les gencives et l'estomac. Nous avons vu dans ces pays-ci beaucoup de dents montées sur argent à bas titre dont les montures ont été entièrement rongées dans la bouche en peu de temps par l'oxidation et ont occasionné des inflammations de gencives telles, que toutes les dents naturelles qui restaient s'en trouvaient ébranlées.

Les dents artificielles bien conditionnées peuvent rendre de grands services pour la mastication, la prononciation et surtout pour la beauté du visage. A côté de ces avantages se trouvent quelques inconvénients. Les dents artificielles donnent, particulièrement aux personnes qui ne se lavent pas la bouche tous les matins, une haleine désagréable, surtout quand les pièces sont mal faites ou de mauvaise composition; alors les parcelles d'aliments se logent entre elles et les gencives, s'y décomposent et exhalent une odeur très-fétide; les gencives s'enflamment; toujours les pièces mal ajustées usent les dents voisines sur lesquelles elles sont attachées et en amènent la perte.

Nous conseillons aux personnes qui font usage de fausses dents de ne jamais porter une pièce quand elle ne s'adapte pas exactement partout, ce qu'on peut facilement reconnaître avec la langue; de ne jamais se servir de pièces faites en métaux pouvant s'oxider, tels que l'or à bas titre, l'argent et le cuivre; le platine et l'or à dix-huit carats n'éprouvent aucune modification, ni aucun changement de couleur dans la bouche; nous recommandons encore d'enlever ou de faire enlever la pièce au moins tous les mois pour la nettoyer et même plus souvent si faire se peut; de se rincer la bouche après chaque repas; et tous les matins de se frotter les dents avec soin à l'aide de la brosse; ensuite de se gargariser la bouche avec de l'eau tiède dans laquelle on aura mis quelques gouttes d'eau de Botot ou autre alcool aromatisé. Ces soins sont indispensables pour que les pièces ne donnent pas d'odeur. Quant aux personnes qui ont leur gencives rouges et saignantes, elles devront faire usage de la mixture que leur conseillera leur chirurgien dentiste.

### UN MOT SUR L'EXTRACTION DES DENTS.

L'extraction des dents n'est pas toujours chose facile et sans danger (1). Quand on veut arracher une dent sans fracturer la machoire, sans blesser les gencives et sans dénuder les autres dents, il faut à une main exercée joindre la connaissance entière de l'anatomie de la

---

(1) Il y a deux ans environ, un homme de 50 à 60 ans, habitant une commune voisine de Valenciennes, vint me consulter. Il était atteint d'un abcès fistuleux à la joue avec carie de l'os; le tout survenu à la suite d'une extraction de dent opérée par un arracheur de dents qui pensait, comme beaucoup de ses collègues, que pour arracher une dent il ne faut que de la force, de la hardiesse et de la promptitude. J'ai conseillé à cet homme une opération chirurgicale à laquelle il n'a pas voulu se soumettre. Trois semaines après, étant appelé dans une maison de campagne du pays de ce malheureux, j'ai appris qu'il était mort des suites de son mal. A peu près dans le même temps une personne de Louvignies-lez-Quesnoy eut la machoire inférieure entièrement fracturée en se faisant arracher une dent.

bouche et connaître la puissance des instruments qu'on emploie (1), combien de rides et de difformités éviterait-on si on s'occupait de l'extraction des dents avec plus de soins.

## CONCLUSION.

L'art du dentiste demande aujourd'hui beaucoup de connaissances. On conçoit qu'il est plus que jamais nécessaire qu'il soit pratiqué par des personnes qui en fassent l'unique objet de leurs études : car on n'est pas dentiste pour connaître l'altération la plus évidente d'une dent, et pour faire sur elle les opérations les plus simples et les plus grossières manœuvres.

---

(1) Le 2 octobre une dame me faisait appeler pour lui extraire une dent. Un jeune dentiste, sachant que cette dame souffrait, se présenta chez elle en se faisant passer pour mon associé et essaya à trois reprises différentes d'enlever la dent malade en déchirant toutes les chairs voisines ; ce fut vainement et fort heureusement pour cette dame, car de la manière dont il avait pris la dent et la portion d'os qu'il avait embrassé avec sa clef, si notre confrère avait eu le poignet assez fort pour vaincre la résistance, il aurait produit inévitablement la fracture d'une portion considérable de la machoire, et une hémorragie dangereuse de l'artère dentaire inférieure. Il s'est contenté de déclarer l'extraction de cette dent impossible et de dire même qu'il donnerait 10,000 fr. à celui qui pourrait arracher cette dent ; il se trompait, car quelques instants après j'avais arraché la dent et n'ai pas reçu les 10,000 fr. promis. Je cite ce fait pris dans un grand nombre qu'il est inutile de rapporter.

Il faut, à la connaissance précise de l'anatomie de la bouche et particulièrement à celle des dents, réunir des notions générales d'anatomie, de physiologie, de médecine, d'hygiène, de mécanique et de plus celles d'un grand nombre d'opérations d'orfèvrerie. Comment, en effet, sans le secours de leur connaissance, parvenir à distinguer les maladies purement locales de la bouche de celles qui ne sont que le symptôme d'une affection générale? A déterminer l'influence des divers agents qui peuvent contribuer à produire ces maladies? A classer chacune de ces dernières d'après les modifications survenues dans les propriétés vitales des organes affectés, et à choisir, d'après ces différences, le traitement qui convient à chacune d'elles? Comment remédier aux inconvénients et aux difformités qu'elles entraînent si l'on n'a pas quelques principes de mécanique? Comment enfin prescrire les médicaments dont on doit faire usage si l'on n'est pas instruit auparavant de leurs propriétés? Celui qui est étranger à toutes ces connaissances ne peut pas plus se flatter de posséder son art qu'un charlatan ou un garde-malade de savoir la médecine.

L'art du dentiste étant d'un libre exercice en France, on voit malheureusement beaucoup de dentistes qui, pour toute étude, n'ont que la témérité, l'audace et le charlatanisme. Il leur suffit de copier les annonces des journaux et de se les approprier en se disant les inventeurs des choses même qu'ils ne connaissent pas, de se proclamer dentistes de Londres, de Paris ou de Pékin, quoique n'ayant jamais exercé dans ces villes. Aussi est-il bien important de savoir à qui l'on confie sa bouche.

— 16 —

Nous espérons que le pouvoir, dans sa sollicitude pour tout ce qui touche au bien-être des populations, obligera les dentistes à avoir un titre médical quelconque qui prouvera qu'ils sont aptes à se livrer à leur art et qu'ils ont fait dans cette partie les études nécessaires pour exercer convenablement cette spécialité de l'art de guérir, ainsi que cela se pratique en Belgique et dans d'autres Etats voisins, où tout individu qui veut exercer l'art du dentiste, s'il n'est pas docteur en médecine ou officier de santé, est obligé de subir un examen devant un jury médical pour obtenir un titre qui l'autorise à pratiquer légalement son art.

En terminant, nous dirons à ceux qui ajoutent foi aux paroles des marchands d'orviétan sur les places publiques : que ces hommes n'ont aucun droit de vendre des substances ayant une vertu médicale quelconque ; que ce qu'ils vendent n'est tout bonnement qu'un mélange d'eau ordinaire et d'alcool aromatisé, incapable par conséquent de produire aucun effet sur les dents. Nous conseillons à ces gens trop crédules, pour leur épargner la peine de dépenser inutilement leur argent, d'essayer du moyen suivant, qui nous a le mieux réussi jusqu'ici pour calmer les douleurs de dents : On forme un mélange d'éther, de chloroforme et de camphre, on imbibe ensuite de la liqueur un petit tampon d'ouate pour l'appliquer sur la dent malade.

www.ingramcontent.com/pod-product-compliance
Lightning Source LLC
Chambersburg PA
CBHW060457050426
42451CB00014B/3363